BEI GRIN MACHT SICH IHR WISSEN BEZAHLT

Bibliografische Information der Deutschen Nationalbibliothek:

Die Deutsche Bibliothek verzeichnet diese Publikation in der Deutschen National-
bibliografie; detaillierte bibliografische Daten sind im Internet über http://dnb.d-
nb.de/ abrufbar.

Impressum:

Copyright © 2015 GRIN Verlag, Open Publishing GmbH
Druck und Bindung: Books on Demand GmbH, Norderstedt Germany
ISBN: 9783668304321

Dieses Buch bei GRIN:

http://www.grin.com/de/e-book/340882/cambios-morfologicos-entre-el-latin-y-
espanol-die-steigerung-der-adjektive

Kim Schneider

Cambios morfológicos entre el latín y español. Die Steigerung der Adjektive und Adverben

GRIN Verlag

GRIN - Your knowledge has value

Der GRIN Verlag publiziert seit 1998 wissenschaftliche Arbeiten von Studenten, Hochschullehrern und anderen Akademikern als eBook und gedrucktes Buch. Die Verlagswebsite www.grin.com ist die ideale Plattform zur Veröffentlichung von Hausarbeiten, Abschlussarbeiten, wissenschaftlichen Aufsätzen, Dissertationen und Fachbüchern.

Besuchen Sie uns im Internet:

http://www.grin.com/

http://www.facebook.com/grincom

http://www.twitter.com/grin_com

Kim Schneider

Cambios morfológicos entre el latín y español – Die Steigerung der Adjektive und Adverben

**Seminararbeit im Rahmen des Seminars:
Hauptseminar Sprachwissenschaft**

„El cambio lingüístico"

EBERHARD-KARLS UNIVERSITÄT TÜBINGEN

PHILOSOPHISCHE FAKULTÄT

ROMANISCHES SEMINAR

SS 2015 14.09.2015

Inhaltsverzeichnis

1   Einleitung

Der historischen Grammatik der einzelnen Sprachen kommt eine sehr groiße Bedeutung zu, da diese das wesentliche Kennzeichen der internen Sprachgeschichte darstellt. Durch den Vergleich einzelner romanischen Sprachen mit dem Lateinischen, sowie deren Entwicklung, sind verschiedene „Verwandtschaftsbeziehungen" festzustellen und zu analysieren. Desweiteren lassen sich auch die einzelnen romanischen Sprachen untereinander in Bezug setzen. Möglich machen dies jedoch erst die Untersuchung und der Vergleich einzelner Sprachen von deren historischen Entwicklung und deren Verwandtschaft der gegebenen Sprachsysteme. Hinzu kommt bei einer historisch-vergleichenden Grammatik, dass nicht nur innerhalb einer Disziplin einer einzelnen romanischen Sprache untersucht wird, sondern auch der Vergleich der historischen Entwicklung aller romanischen Sprachen.

Diese Arbeit betrachtet, im Hinblick auf verschiedene Entwicklungen in der Sprachwissenschaft der systemlinguistische Teilbereich Morphologie betrachtet werden. Aus historisch-vergleichender Perspektive wird überdies die Steigerung der Adjektive und die Adverbien im Vordergrund stehen. Im Vergleichsmittelpunkt bilden die romanischen Sprachen Spanisch, Französisch und Italienisch. Es wird dabei zunächst allgemein auf die einzelnen Steigerungsstufen und die Unterscheidung zwischen relativer und absoluter Steigerung von Adjektiven eingegangen. Darauffolgend wird , die Entwicklung und Bildung der heutigen Komparativ- und Superlativ- bzw. Elativformen im Spanischen, Italienischen und Französischen analysieren. Hierbei steht jeweils die synthetische und analytische Bildung im Fokus. Anschließend folgt eine vergleichende Analyse der Entwicklung der Adverbien im Vergleich zum lateinischen sowie innerhalb der romanischen Sprachen anhand der Bildung, als auch mit der Steigerung betrachtet werden.

2 Allgemeine Ausführung zu den Steigerungsstufen: Relative und absolute Steigerung der Adjektive

Adjektive bestimmen in ihrer Funktion Substantive näher. Dabei sind Kasus, Numerus und Genus Kategorien, die das Adjektiv mit dem Substantiv teilt. Die funktionelle Kategorie, die Adjektive (und Adverbien) von Substantiven unterscheidet, ist die Steigerung (vgl. Holtus, 1996, S.208). Sie wird „im engeren Sinn als eine morphologische Kategorie von Adjektiven und Adverbien zum Ausdruck von Gradangaben und Vergleichen" bezeichnet (Bußmann 2002, S.395). Das bedeutet, dass ein Vergleich von verschiedenen Substantiven kann mit Hilfe funktioneller Kategorien versprachlicht werden kann. Dieser Vorgang wird als relative Steigerung von Adjektiven bezeichnet. Zudem kann die Steigerung des Adjektivs auch absolut, d.h. also vergleichend innerhalb seiner bezeichnenden Eigenschaft, sein. Für die relative Steigerung ist die Grundlage der Vergleich. Als Komparativ werden dabei ein oder mehrere Vergleichsobjekte bezeichnet, der Superlativ stellt die Gesamtheit aller Vergleichenden dar. Zudem definiert Lausberg die Steigerungsformen wie folgt,

> 1. *Positiv,* der die steigerungslose Grundstufe darstellt (‚hoch'); - 2. *Comparativ* [sic] als eine vergleichsweise größere Intensität der Eigenschaft ausdrückende Vergleichsstufe (‚höher'); - 3. *Superlativ* als die alle in Frage kommenden Träger der Eigenschaft gradmäßig in dieser Eigenschaft übertreffende Höchststufe (‚am höchsten'); - 4. *Elativ,* der einen auffallend intensiven Grad der Eigenschaft ausdrückt (‚sehr hoch') (Lausberg 1972, S.83).

Allgemein kann somit für alle romanischen Sprachen festgehalten werden, dass es insgesamt vier Steigerungsstufen gibt, wobei sich die Existenz der vierten Form, dem Elativ, aus der Möglichkeit ergibt, dass die Komparation als morphologische Kategorie sowohl *absolut* als auch *relativ* sein an. So stellt der *relative* Superlativ die Höchststufe in bzw. mit Bezug auf andere existierende Träger der jeweiligen Eigenschaft dar. Damit können Substantive untereinander in ihren Eigenschaften in Bezug gesetzt werden bzw. Adjektive *relativ* verglichen werden („am weitesten von allen").

Im Vergleich zum *relativen* Superlativ, stellt der Elativ die höchste Steigerungsstufe des Adjektivs zur Bezeichnung eines hohen Grades einer Eigenschaft ohne vergleichende Komponente, dar. Er wird deshalb auch als *absoluter* Superlativ bezeichnet und im Deutschen häufig durch adverbiale Umschrei-
bungen, wie z.b. *äußerst, höchst, enorm, überaus,* ausgedrückt (vgl. Bußmann
2002, S. 206). Auch in anderen Sprachen gibt es diese sog. *einfachen* Gradadverbien, die „angeben, in welchem Grade die durch das Adjektiv bezeichnete
Eigenschaft besteht. Sie tun dies ohne Bezug auf einen Vergleichsterm"
(Schwarze 1995, S. 228).

Jedoch sind nicht alle Adjektive steigerungsfähig, die einen absoluten Grad
ausdrücken wie vrai, aveugle, mort, impossible oder Adjektive, die selbst eine
komparativistische Bedeutung haben, wie cadet, ainé. Adjektive, welche für
sich schon den höchsten Grad ausdrücken, können auch nicht gesteigert werden. Hierzu gehören, ultime, dernier, unique, supreme. Schwarze sagt dazu,:

Neben den *einfachen* Gradadverbien, die zur absoluten Steigerung bzw.
zur Bildung des Elativs verwendet werden, existieren in allen (romanischen) Sprachen auch *vergleichende* Gradadverbien. „Sie geben eben-
falls an, in welchem Grade die durch das Adjektiv bezeichnete Eigenschaft besteht. Im Unterschied zu den einfachen Gradadverbien tun sie
dies in Bezug (sic) auf einen Vergleichsterm" (Schwarze 1995, S. 229).

Grundlage der relativen Steigerung ist [dabei] der Vergleich. Das Vergleichsobjekt kann ein oder mehrere Seiende sein (Komparativ), oder die
Gesamtheit aller vergleichbaren Seienden (Superlativ). Beim Komparativ
wird das Vergleichsobjekt genannt oder es ist aus dem Zusammenhang
erkennbar, beim Superlativ kann es bloß gedacht sein. (Gamilscheg
1957, S.49).

Nach Lausberg ist der Komparativ „eine vergleichsweise größere Intensität
der Eigenschaft ausdrückende Vergleichsstufe", ein relativer Komparativ, „da
ein Vergleich mehrerer Eigenschaftsträger hinsichtlich der gleichen Eigenschaft

vorliegt" (Lausberg 1972, S. 82f.). Desweiteren verweist Lausberg darauf, dass der Komparativ im klassischen Latein auch *nur* dazu gebraucht wurde, um allgemein „ einen Grad der Eigenschaft auszudrücken, der auf jeden Fall unterhalb des Elativs liegt" (Lausberg 1972, S.85). Wenn somit eine Beziehung zum Elativ ausgedrückt wird, beinhaltet dies, dass der Komparativ hier kein *relativer* Komparativ, der zwangsläufig die Existenz eines (gedachten) Vergleichsgegenstandes (*tertium comparationis*) voraussetzen würde, sein muss. Der Gebrauch des Komparativs bekommt durch den hier gedachten Vergleich zum Elativ, eine *zurückhaltend- abschwächende* Bedeutung. Wenn dieses Konzept ausgedrückt werden soll, so geschieht dies in den (heutigen) romanischen Sprachen häufig durch die Umschreibung mit Adverbien bzw. Gradadverbien, die dem Deutschen „ziemlich" entsprechen. Der Komparativ kann dann zu einem Positiv abgeschwächt werden oder sogar einen schwächeren Grad als den Positiv ausdrücken (vgl. Lausberg 1972, S.85-91).

Des Weiteren hält Holtus zu der Existenz von absoluten und relativen Steigerungsformen in den (heutigen) grammatischen Systemen der romanischen Sprachen fest.

Während der Komparativ und der Superlativ des Lateinischen relativ und absolut sein konnten- dieser Unterschied war pragmatisch nicht markiert, haben wir im grammatischen System der romanischen Sprachen einen ausschließlich relativen Komparativ einerseits und – formal geschieden- einen relativen Superlativ und einen absoluten Superlativ (Elativ) andererseits (Holtus 1996, S.208).

3   Komparativ

Im Lateinischen gibt es zwei Arten der Komparativbildung. Zum einen die für die meisten Adjektive gebräuchlichere synthetische Bildung von Adjektiven die auf *–ior* enden und zum anderen die analytische Bildung für Adjektive, die vor der Kasusendung einen Vokal hatten, also *–ius, -eus, -uus,* die mit einem umschreibenden Adverb (*magis*) gebildet werden (vgl.Lausberg 1972,S.85).

Bei dem Komparativ wird das Vergleichsobjekt genannt, oder es ist aus allen erkennbar. Von den organischen Komparativen haben sich *melior* und *pejor* sowie *major* und *minor* überall erhalten. In der folgenden Tabelle ist dies nochmals vergleichend dargestellt:

Latein	Spanisch	Französisch	Italienisch	Portugiesisch
melior	mejor	meilleur	migliore	melhor
pejor	peor	pire	peggiore	peor
major	mayor	maire	maggiore	mór
minor	menor	moindre	minore	menor

(vgl. Meyer-Lübke 1972, S.83)

3.1   Bildung des Komparativs

3.1.1   Synthetische Bildung des Komparativs

Im Lateinischen, welches die Grundlage für das Vulgärlatein und dies wiederrum als Grundlage und Ursprung für die Entwicklung der romanischen Sprachen bildete, wurden die Komparativ- und Superlativformen überwiegend synthetisch durch die Änderungen der Wortendung ausgedrückt. Die Endungen zur Bildung des synthetischen Komparativs im lateinischen waren *–ior* bzw. *–ius*. So ergeben sich beispielsweise für *altus,-a,-um,* die Komparativformen *altior* bzw. *altius* (vgl. Holtus 1996, S.208). Diese Art der Komparativbildung ist mit dem Übergang vom klassischen Latein zum gesprochenen Vulgärlatein mehr und mehr einer zweiten analytischen Art der Bildung, die im darauffolgenden Kapitel erläutert wird, zurückzuführen.

Einige (häufig gebrauchte) Adjektive haben ihre synthetischen Steigerungsformen bis heute in den romanischen Sprachen bewahrt, bis auf das Rumänische, in dem alle synthetischen Komparative durch die Umschreibung mit *magis (*im rum. mit *mai, mai mult de doi ani)* ersetzt wurden. Lausberg nennt, als Grund für das Fortbestehen dieser „Überreste", dass es sich hier um jene Komparative handelt, „die bereits im klassischen Latein nicht organisch vom Positiv aus, sondern durch Zuhilfnahme anderer Stämme gebildet worden sind (Suppletion) und die so durch ihre ´Originalität´ als etymologisch selbstständige Wörter fest im Sprachbewusstsein hafteten" (vgl. Lausberg 1967-1972, S.87). Regula hält im französischen fest, dass das Galloromanische eine begrenzte Anzahl synthetischer Komparative bewahrt bzw. sogar einige ´neu´ gebildet hat, wie beispielsweise *altiore* >afrz. *halçour, hauçour,* daneben *haltour, hautour* mit einer Elativbedeutung. Desweiteren verweist er darauf, dass nach der Renaissance nur noch die beiden Nominative *moindre, pire* die Akkusativform *meilleur* und die Neutren *mieux, moins, pis,* sowie die Substantive *geindre, gindre, maire, sire, seigneur, sieur* und die Indefinita *plusieurs* und *ailleurs* erhalten geblieben sind (vgl. Regula 1966, S.44).

Auch im Italienischen ist von den synthetischen Komparativformen des Lateinischen nur wenig erhalten geblieben. In der Schriftsprache sind die Akkusativformen *maggióre, minóre, miglióre, peggióre* und die Neutren *meno, mèglio, pèggio* und das heute, veraltete, *maggio* zu finden. Außerdem sind im Altitalienischen das Substantiv *gignore* ‚Lehrjunge', das Adjektiv *sezzo* (<setius), das Adverb *vaccio* (yvivacius) und *sovenco* <*subventius) erhalten geblieben. Jedoch sind dies vorwiegend „Überreste", die hauptsächlich in der Schriftsprache verwendet werden. Im heutigen mündlichen Sprachgebrauch sind sie teilweise noch gebräuchlich(vgl. Rohlfs 1949, S.105-107).

Im Spanischen hat sich die lateinische synthetische Komparation nur in einigen Fällen erhalten. Diese wird nur zur Superlativbildung herangezogen, wie beispielsweise *bueno > mejor > el mejor* oder *malo >peor > el peor*. Ansonsten werden die Steigerungsformen in der Regel analytisch gebildet (siehe 3.1.2).

Die folgende Tabelle fasst, diese Ableitungen (Substantive und häufig verwendete Adverbien) der synthetischen Komparative in den romanischen Sprachen zusammen (vgl. Lausberg 1972, S.88f.).

	Vulgärlatein	Spanisch	Französisch	Italienisch
synthetischer Komparativ und Ableitungen in den einzelnen Sprachen	máior,máius, maióre	mayor		maggio, maggióre
	mínor,mínus, minóre	menos, menor	moindre, moins	meno, minóre
	mélior,mélius, melóre	mejor	mieux, meilleur	mèglio, miglióre
	péior, péius, pelióre	peor	pire, pis	pèggio, peggióre

3.1.2 Analytische Bildung des Komparativs

Außer der Steigerung mit Hilfe von Flexion gibt es im klassischen Latein auch eine zweite Form zur Steigerung der Adjektive, nämlich die, die in der Grundform, dem Positiv, auf *−eur, -ius, -us* endeten. Um das schwer auszusprechende Zusammenprallen von drei Vokalen zu vermeiden, wurden die Komparativ- und Superlativformen periphrastisch, d.h. durch die Umschreibung mit Hilfe von Adverbien ausgedrückt. Die synthetisch- postdeterminierende Bildung von Komparativ- und Superlativformen wurde hier durch eine analytisch- prädeterminierende Bildung ersetzt. In diesem Zusammenhang hält Holtus fest:

Dieses periphrastische Verfahren, das im klassischen Latein nur von sekundärer Wichtigkeit war, gab das Modell ab für die Umgestaltung der Morphologie der Steigerung im Vulgärlatein und in den romanischen Sprachen hin zum analytisch-prädeterminierenden Verfahren mit Hilfe des Adverbs (Holtus 1996, S.208).

Der Wechsel von der synthetischen Bildungsweise zur analytischen, verlief als Prozess. So sind bereits im 2./3.Jarhundert nach Christus bei Tertullian *plus miser*, im 5.Jahrhundert bei Sidonius Apollinarius *plus dulce, plus felix* und bei verschiedenen Kirchenschriftstellern und Inschriften *magis mirabile* als analytische Komparativformen zu finden (Rohlfs 1949, S.106). Die Basis für die Umschreibung der Steigerungsformen, die sich innerhalb der romanischen Formenentwicklung als Komparativbildung festsetzte, bildete die beiden Adverbien *magis* und *plus*. Lausberg schreibt dazu:

Es liegt ganz in der Linie romanischer Formentwicklung [...], wenn die analytische Bildung im Romanischen vollends den Sieg davonträgt, besonders wenn man bedenkt, dass bereits im Klt. Sich die Comparativ-Bildung [sic] mit *magis* auf Adjektive ausdehnte, die keinen Vokal vor der Casus-Endung [sic] hatten. Die Umschreibung des Comparativs [sic] mit Hilfe von *magis* liegt also als normale Comparativ-Bildung [sic] vor im Rm. Kt. Sp. .Pg., während im Sd. It. Rätorom. Fr. das Adverb *magis* durch das Adverb *plus* ersetzt wurde [...] das Pr. Schwankt ... zwischen *magis* und dem häufigeren *plus*. (Lausberg 1972, S.85).

Außerdem verweist Rohlfs darauf, dass auch *melius, z.B. melius sanus* (Plautus), versuchte, diese Funktion des Komparativs zu übernehmen (Rohlfs 1949, S.106). Die Auswahl des jeweiligen Adverbs (*magis, plus, melius*) im Romanischen ist dabei abhängig von Zeit und Gegend:

Clarior erscheint in den Ausläufern des Lateinsichen als *magis, plus* oder *melius clarus. Magis* lebt im Dacoroman., Hispanoroman., im Katal. und Provenz.fort: rum *mai chiar*, sp. *más claro*, ptg. *mais claro*, prov. *mai clar* (oder *pu clar*). (Regula 1966, S.44 , Lausberg 1972, S.85).

Melius als Gradadverb wurde schnell von den Adverbien *magis* bzw. *plus* verdrängt. So konnte es sich nicht etablieren. Die Auswahl des jeweiligen Adverbs lässt sich aus heutiger Sicht rückbezüglich auch durch die zweite Arealnorm von Bartoli begründen. Demnach bleibt die frühere, ältere Form in den Randgebieten erhalten und die spätere jüngere (innovative) Form in der Innenzone. Dies führt dazu, dass die Weiterentwicklung von *magis* zu der heutigen Steigerungsform in der Iberoromania (span. *más*, port. *mais,* kat. *més*) und in der Dakoromania (rum. *mai*) geworden ist. Die Fortsetzer von *plus* die Steigerungsmorpheme in der Italoromania (ital. *più*, sard. *prus*, rtr. *plis, pü* u.ä.) und in der Galloromania (frz. *plus*; die okzitaischen Formen gehen- regional differenziert- auf *plus* (häufiger) oder *magis* zurück) bilden (vgl. Holtus 1996, S.106).

Als Gründe für die Transition von der synthetischen Bildung zur analytischen werden häufig Anschaulichkeit und größere Transparenz durch die Umschreibung mit Adverbien angegeben (vgl. Meyer-Lübke 1890-1902, S.47). Zudem können in allen romanischen Sprachen außer *magis* und *plus* auch andere Adverbien bzw. auch Präfixe und Suffixe zur Steigerung eines Adjektivs verwendet werden (vgl. Rholfs 1949, S.111, Regula 1966, S.47f.).

Innerhalb der Bildung des relativen Komparativs existieren „Überreste" der synthetischen Form- auch wenn sie zunehmend durch analytisch gebildete Varianten ersetzt werden-. Allerdings findet man in den heutigen romanischen Sprachen keine absoluten Komparative mehr, die so wie im Lateinischen gebildet werden. Infolgedessen muss beim Vergleich von Eigenschaften immer ein Vergleichsgegenstand vorhanden oder zumindest angedacht sein. Jedoch heißt das nicht, dass das Konzept des absoluten Komparativs verloren gegangen ist, es wird nur häufig durch bestimmte Adverbien ausgedrückt und fällt so formal nicht mehr mit der (synthetisch gebildeten) Form des relativen Komparativs zusammen.

4 Superlativ

Der Superlativ ist die zweite Steigerungsform der Adjektive. Zunächst werden die synthetische und die analytische Bildung des absoluten Superlativs, welcher als Elativ bezeichnet wird, betrachtet. Diesem wird dann die Bildung des relativen Superlativs gegenüber stehen. Hierbei wird v.a. auf die zwei Arten seiner Bildung, die durch Verstärkung des synthetischen beziehungsweise des analytischen Komparativs erfolgen kann, eingegangen werden.

Es wird zwischen dem relativen und dem absoluten Superlativ (dem Elativ) unterschieden. Der relative Superlativ drückt aus, dass von mindestens drei Individuen einem der höchste Grad einer Eigenschaft zukommt. Das Vergleichsobjekt kann hier nur gedacht sein. Der Elativ beschreibt einen hohen Grad, ohne einen Bezug auf einen Vergleich(sgegenstand). Dieser wird im Spanischen durch anfügen des Suffix *–ísimo/ísima* gebildet (Schliebs 2012, S.90f). Im Lateinischen wurde der Superlativ mit dem Suffix *–mo* gebildet. Allerdings wurde nicht zwischen dem relativen und absoluten unterschieden (Alvar 1983, S.83). Im folgendem wird nun die Bildung des Superlativs und Elativs untersucht und dargestellt werden.

4.1 Bedeutung und Bildung des Elativs

Aus formaler Sicht wird der Elativ als höchste Steigerungsstufe einer Eigenschaft bezeichnet. Notwendig ist es, nicht nur die theoretische Seite des Elativs anzuschauen, sondern auch seine tatsächliche Verwendung zu erfassen, da sich die aktiven Sprecher nicht an das feste und teilweise im Nachhinein konstruierte Regelwerk halten. Auch hier werden eine synthetische und eine analytische Bildung unterschieden. Im folgendem werden diese genauer erläutert.

4.1.1 Synthetische Bildung des Elativs auf *–íssimus*

Der relative Superlativ, als auch der Elativ werden im lateinischen durch das Anfügen des Suffixes *–issumus* ausgedrückt. In der Romania wird meist auf die analytische Bildung mit Hilfe von Adverbien zurückgegriffen.

Eine weitere Quelle zur Nutzung synthetisch gebildeter Superlative stellt die Entlehnung von Buchwörtern dar. So ist das Spanisch *santísimo* (das Allerheiligste) auf das Lateinische *sanctissimu* zurückzuführen. Laut Lausberg tritt diese buchwörtliche Entlehnung hauptsächlich im Spanischen, Katalanischen und Italienischen auf, was darauf zurückzuführen ist, dass auf der drittletzten Silbe betonte Wörter, dort existieren bzw. zulässig sind (vgl. Lausberg 1972), wohingegen im Französischen die Endbetonung vorherrscht.

Im Spanischen, Italienischen und Katalanischen werden Superlative aus dem klassischen Latein auch zur Bildung neuer Elative verwendet. So wird aus *fortissimus* im Spanischen, *fortísimo* und im Italienischen *fortíssimo*. Diese Art von Elativen findet sich am häufigsten im Italienischen und hat meist einen affektiven Unterton (des Loben oder Tadels). Im Italienischen gibt es ein anschauliches Beispiel, das italienische Adjektiv *sciocchissimo,* was so viel bedeutet wie ,ganz verrückt', wogegen das einfache *sciocco* als ,verrückt' übersetzt wird. Auch Substantive können sich von solchen Superlativen ableiten, wie beispielsweise *occasionissima*, eine ,äußerst gute Gelegenheit' bedeutet (vgl. Lausberg 1972, S.92).

4.1.2 Analytische Bildung des Elativs

Um den Elativ analytisch zu bilden, gab es schon im klassischen Latein zwei Möglichkeiten. Zum einen durch die Präfigierung eines elativen Präfixes (*per-, prae-, super)* und zum anderen durch Hinzufügen eines elativen Adverbs wie *maxime, valde, multum, admodum, summe, mire.* Im Romanischen waren diese Möglichkeiten zur Bildung auch vorhanden. Jedoch fanden elative Präfixe häufiger in adverbialen Verbindungen Anwendung. Beispiele dafür sind: Der lateinische Präfix *per-* wurde im Französischen zu *par* und „*Permagnus est*", infolgedessen wurde es im Altfranzösischen zu „*Pàr est gránz*". Aus dem lateinischen Präfix *super-* wurde im Altprovenzalischen *sobre-*, welches sich unter anderem in der Bezeichnung *sobrebon* für ,sehr gut' niederschlägt. Auch die lateinische Vorsilbe *trans-* wird im romanischen verwendet, es erscheint im Französischen als *très: très grand* (,sehr groß') bzw. im Altitalienischen *tra-* in *trafreddo* für ,sehr kalt' (vgl. Lausberg 1972, S.93). Desweiteren fügt Regula *extra, ultra* und *archi* (in *extrasolide, ultranerveuyx, archiprêt)* als Beispiele für das französische hinzu (vgl. Regula 1966, S.47).

Der Gebrauch von elativen Adverbien zur Bildung von absoluten Superlativen ist im Gegensatz zum Gebrauch von Präfixen häufiger, da Gradationsadverbien häufig Superlative auf *–issimus* ablösten. Infolgedessen gibt es auch einige Beispiele in den verschiedenen romanischen Sprachen. So kommt das lateinische Adverb *multum* im Italienischen als *molto* (z.B. in *molto bello* für ‚sehr schön'), im Altprovenzalischen und Katalanischen als *molt* bzw. *mólt,* im Spanischen als *muy* wie in *muy hermoso,* im Portugiesischen als *muito* und im Altfranzösischen als *mout* auf (vgl Lausberg 1972, S.93). Zudem sagt Lausberg hierzu noch folgendes:

> Alle Elations-Mittel, insbesondere die Elations-Adverbien, sind affektgeladen, jedoch nutzt sich die Affekthaltigkeit durch häufigen Gebrauch und Habitualisierung ständig ab. Wo das Affektbedürfnis dies erheischt, werden habitualisierte Ausdrucksformen durch neue, überbietende Ausdrucksformen ersetzt (vgl. dt. ‚furchtbar schön' statt ‚sehr schön'). Dieser Umstand ist der Grund für die Fülle roman. Ausdrucksformen des Elativs. (Lausberg 1972, S.93f.)

Die Einsatzmöglichkeiten für diese Elationsadverbien scheinen unbegrenzt zu sein und werden in den romanischen Sprachen häufiger verwendet als im Deutschen.

4.2 Bildung des relativen Superlativs

Wie in 4.1.1 schon erwähnt, gab es im klassischen Latein keinen Unterschied zwischen der Bildung des absoluten und des relativen Superlativs, hingegen seine Bildung auf *–issimus* in den romanischen Sprachen, wie oben erwähnt beim Elativ, noch auftaucht aber zur Bildung des relativen Superlativs nicht mehr verwendet wird. Hingegen wird auf den Komparativ zurückgegriffen, der relative Superlativ wird in den romanischen Sprachen durch Verstärkung des analytischen bzw. des synthetischen Komparativs gebildet. Durch hinzufügen eines bestimmten Artikels, der hier eine heraushebende und individualisierende Funktion hat, wird die Verstärkung ausgedrückt.

Der relative Superlativ wird in den romanischen Sprachen also durch das Voranstellen eines bestimmten Artikels vor den synthetischen Komparativ gebildet. Dies sind dann vor allem sehr häufig gebrauchte Superlative wie ‚der Beste': Spanisch *el mejor*, Italienisch *il migliore*, Katalanisch *el millor*, Französisch *le meilleur* und Portugiesisch *o melhor* (vgl. Lausberg 1967-1972, S.94). Neben dieser Verstärkung kann der relative Superlativ auch durch Verstärkung des analytischen Komparativs ausgedrückt bzw. gebildet werden. So findet man für ‚der Stärkste' im Spanischen *el más fuerte*, im Italienischen *il piu forte*, im Katalanischen *el més fort*, im Portugiesischen *o mais forte* und im Französischen *le plus fort*.

Die folgende Tabelle stellt eine Übersicht über den Superlativ anhand eines Beispiels dar:

Sprache	Spanisch	Französisch	Italienisch	Katalanisch	Portugiesisch
Positiv	bueno	bon	buono	bé	bem
Komparativ	mejor	le meilleur	il migliore	millor	melhor
relativer Superlativ	el más fuerte	le plus fort	il più forte	el més fort	mais forte
absoluter Superlativ	rapidísima	-	buonissimo	rapidíssimament	muito depressa

5   Adverbien

Adverbien sind morphologisch unveränderliche Wörter, mit denen Angaben über Ort, Zeit, Grund oder Art und Weise gemacht werden können, sie werden auch als Umstandswörter bezeichnet. In der antiken Grammatiktheorie sind sie als Restkategorie mit verschiedenen Funktionen aufgefasst. Scaliger identifiziert im 16. Jahrhundert drei syntaktische Funktionen, dass das Adverb modifiziert, zu diesen gehört ein Adjektiv, wie zum Beispiel *muy alto,* ein anderes Adverb *muy bien* und ein Verb, bei dem das Adverb nachgestellt wird *trabaja lentamente.* Bei Orts-und Zeitangaben können sie dem Verb vor- oder nachstehen (*En Barcelona hay mucha industria).* Später wurden noch weitere Funktionen des modifizierenden Adverbs festgestellt. Dazu gehören ein Substantiv, dass ein Adverb modifiziert, wie beispielsweise *muy hombre* und einen ganzen Satz wie *"Desgraciadamente, ocurrió así".*

Desweiteren besitzen Adverbien verschiedene semantische Klassifizierungen, zu welchen traditionelle Klassen der Adverbien gehören, Adverbien der Zeit (*hoy, ayer, ahora),* der Quantität (*muy, mucho, poco),* der Art und Weise (*tal, así, bien),* der Bestätigung (*sí, efectivamente)* und der Verneinung (*no, nunca).* Bei den Adverbialphrasen, bei denen die Adverbien eine Affirmation bzw. Negation oder Zweifel ausdrücken, stehen diese meist am Satzanfang, da sie dem Rezipienten von Beginn an klar machen wollen, welche Sichtweise auf den Satz besteht (*Seguro que es un deporte muy atlético).*

5.1   Bildung der Adverbien

Im klassischen Latein gab es zwei verschiedene Möglichkeiten Adverbien zu bilden. Zum einen die synthetische Bildung durch Flexion und zum anderen die analytische Bildung durch Periphrasen (vgl. Lausberg 1972, S.95). Jedoch verschwindet die synthetische Adverbialbildung in den romanischen Sprachen parallel mit dem Kasus-System. Die synthetische Bildung erfolgte durch Anhängen von Suffixen. Die lateinischen Adverbien wurden mit Hilfe des Suffixes *–e* gebildet, indem dies an die Adjektive der o-Deklination gehängt wurde, *male > malamente, tarde > tal.* An die Adjektive der konsonantischen Deklination wurde das Suffix *–iter* angehängt, wie zum Beispiel *fortiter > valientemente*. Jedoch sind von der letzteren keine Reste im Spanischen übrig geblieben. Zudem kommt, dass die Neutrumform schon im klassischen Latein die Funktion eines Adverbs übernommen hat und sie wie in *multum > mucho, facile > fácilmente* verwendet wurde(vgl. Penny 1993, S.131, Lausberg 1972, S.96ff.).

Neben der synthetischen Adverbialbildung gibt es auch noch eine periphrastische. Dies wurde bereits im klassischen Latein gebildet, indem ein Adjektiv mit einem Substantiv im Ablativus modi, verbunden wurde. Für die gesamte semantische Ausdehnung aller Adjektive war das Wort *modo* aufgrund seiner umfassenden Bedeutung geeignet *(humano modo)*. Jedoch setzte sich dies aufgrund von einer Rhythmusschwäche nicht durch. Das unbetonte *modo* wurde durch das betonte *mente* ersetzt.

Im gesprochenen Latein wurde das Adverb analytisch gebildet, dies entsteht aus einem Ablativ heraus *(lenta mente)*, eine entsprechende Bildung gibt es dann im mittelalterlichen Spanisch, die mit dem Suffix *–miente* oder *–mientre* gebildet wurde *(fuertemiente/fuertemientre)*. Desweiteren gab es im mittelalterlichen Spanisch eine analoge Bildungsweise mit *guisa*, das aus dem Germanischen stammt, wie zum Beispiel *fiera guisa*. Das heutige Adverb in den romanischen Sprachen wird analytisch gebildet und wird von einem Adjektiv singular feminin durch hinzufügen des Suffixes *–mente* abgeleitet, wie zum Beispiel sp./it. *lenta -> lentamente*, fr. *lentement*. Auch der Elativ ist adverbialisierbar und wird auch durch hinzufügen des Suffixes *–mente* gebildet, *lentísima > lentísimamente*. In einigen Wendungen hat das Adjektiv Singular Maskulin eine Adverbiale Funktion, wie in *hablar alto/bajo*.

Die Adverbbildung auf *–mente* ist jedoch nur beschränkt möglich, so wären z.B. *azulmente, solarmente* ungrammatisch. Das Suffix *–mente* unterscheidet sich von den anderen Derivationssuffixen in mancher Hinsicht, so ist es das einzige Suffix, dessen Derivationsschema eine flektierte Form ist, nämlich das feminine Adjektiv wie *claramente*. Zudem kann sich *–mente* auf mehrere koordinierte Basen zugleich beziehen wie in *clara y distintamente*. In diesem Fall steht es im spanischen und portugiesischen beim letzten Glied, im Altfranzösischen beim letzten oder ersten Glied (*humble e doucement, fermement e estavle*) und im katalanischen beim ersten Glied(*devotament i humil*). Der substantivische Charakter wird durch das Ersetzten von –*mente* von dem, oben schon erwähnten, *guisa* oder *cosa* im Altspanischen bestätigt (Lausberg 1972, S.101).

Zudem gibt es verschiedene Morphosyntaxen des Adverbs im modernen Spanisch. Zu diesen gehören die ursprünglichen Adverbien, die sich von keinem anderen Wort herleiten lassen, wie *más, ya, aquí,* die zusammengesetzten Adverbien, die aus zwei oder mehreren Worten entstanden sind, wie *deprisa, despacio* und die letzte und größte Kategorie, die abgeleiteten Adverbien, die schon lang gebildete Neuschöpfungen sind, wie *brevemente*. Die Letzteren sind graduierbar (*habla más lentamente*), aber auch teilweise die nicht abgeleiteten (*Ponlo más arriba*). Desweiteren gibt es die adverbialen Ausdrücke, die nicht der Form der Adverbien eines Wortes entsprechen, sich allerdings nicht in ihrer Funktion unterscheiden, wie zum Beispiel *sin intención, con precisión* und die Adjektive in adverbialen Funktionen wie beispielsweise *seguir derecho, hablar alto, respirar hondo*.

In der folgenden Tabelle ist eine kleine Übersicht zu den jeweiligen Suffixen der verschiedenen romanischen Sprachen vergleichend dargestellt:

Sprache	Spanisch	Französisch	Italienisch	Katalanisch	Portugiesisch
Suffix	-mente	-ment	-mente	-ment	-mente
Beispiel	lentamente	lentement	rapidamente	breument	certamente

Desweiteren gibt es eine heterogene Gruppe von Adverbien, die verschiedene Bildungsformen aufweist. Zu diesen gehören HAC HORA > ahora; ECCUM HIC > aquí; AD ILLIC > allí; QUANDO > cuando; HODIE > hoy; QUOMODO > *quomo* > *como*.

5.2   Steigerung der Adverbien

Im Allgemeinen werden die Adverbien ähnlich wie die Adjektive gesteigert. Im Spanischen wird der Komparativ mit *más...que, tan...como* oder *menos...que* gebildet. Allerdings gibt es auch einige Ausnahmen, zu den wichtigsten gehören: *bien > mejor, mal > peor, mucho/muy > más* sowie *poco > menos*. Einige Adverbien können auch im absoluten Superlativ verwendet werden. Dafür wird an das Adverb der Suffix *–ísimo* angehängt, wie beispielsweise *mucho > muchísimo* oder *tanto > tantísimo*. Bei Adverbien, die mit dem Suffix *mente* gebildet wurden, wird bei dem absoluten Superlativ die Endung *ísimamente* angehängt, wie in *rapidísimamente*. Der relative Superlativ wird für spanische Adverbien durch Hinzufügen des Artikels in neutraler Form (*lo*) gebildet. Für Sätze, wie zum Beispiel „Clara rennt am schnellsten" müssen wir einen Relativsatz im Spanischen verwenden, der dann heißen würde: *La que corre más rápidamente es Clara.*

Im Italienischen werden *di piu* oder *di meno* zur Steigerung von Adverbien verwendet. Im Französischen wird der Komparativ mit *plus...que* (mehr...als), *aussi...que* (genauso...wie) oder *moins...que* (weniger...als) gebildet. Der Superlativ wird mit *le plus/ le moins* gebildet. Gamillscheg sagt dazu: „Die heutige Sprache setzt für den appositionellen Superlativ einen Relativsatz: *un peuple qui soit (est) le plus vertueux,* usf." (Gamillscheg 1957, S.55). Wenn verschiedene Etappen der Eigenschaft eines Einzelnen in Vergleich gezogen werden, dann wird nicht das Adjektiv selbst, sondern das Adverb gesteigert, dass dem Adjektiv mit *plus* oder *moins* vorangeht. Lausberg sagt hierzu, dass diese Superlativformen nur im französischen wirklich idiomatisch sind und in den übrigen Sprachen Gallizismen, denn der Superlativ wird hier durch den Komparativ ersetzt (vgl. Lausberg 1972, S.104). Gleich wie bei den Adjektiven wird der Elativ gebildet.

6 Fazit

Bei der historisch-vergleichenden Betrachtung der Steigerung der Adjektive und der Adverbien in den romanischen Sprachen wird der Wandel von Sprache variationsreich deutlich. Sowohl das Überleben alter Formen des Lateinischen als auch die völlige Neuschöpfung von Ausdrucksmöglichkeiten in den romanischen Sprachen ist vorzufinden. Nach der Analyse von Sprachbestandteilen wird deutlich, welchen großen Einfluss das Vulgärlatein auf die einzelnen romanischen Sprachen hat. Jedoch ist nicht nur der historisch zu betrachtende Zusammenhang, der die eindeutige Abstammung der romanischen Sprachen vom Lateinischen beweist interessant, sondern auch innerhalb der romanischen Sprachen, hier im speziellen Spanisch, Französisch und Italienisch, bei welchem sich Unterschiede und Ähnlichkeiten in der Entwicklung feststellen lassen.

Es hat sich z.B. in Bezug auf die Superlativbildung ein inhaltlicher als auch formaler Wandel vollzogen. Die Superlativbildung auf *–issimus* wird als organischer Bestandteil des Steigerungssystems in den romanischen Sprachen nicht fortgeführt. Stattdessen wird dieser als affektiv, ironisch und lächerlich verstanden. Das im Lateinisch benutzte synthetische System der Komparation, dass noch sporadisch in den romanischen Sprachen vorhanden ist, hat sich so als eine Art besonderer Betonung entwickelt. Es gibt in diesen Sprachen heute häufig komparative und superlative Formen, die gar nicht mehr als solche zu verstehen sind (vgl. Lausberg 1972, S.85).

Bei den Adverbien ist auf der historisch-vergleichenden Ebene zu erkennen, dass die romanischen Sprachen vom Vulgärlatein abstammen. Trotz ihrer kleineren Unterschiedlichkeiten, die aufgrund von phonetischen und syntaktischen Gegebenheiten bestehen, werden die grundlegenden Verbindungen und Strukturen, sowohl zum lateinischen als auch innerhalb der romanischen Sprachen, deutlich. Das Vulgärlatein besitzt diese Strukturen genauso wie die heutigen romanischen Sprachen und hatte Einfluss auf das Adverb in all seinen Bezügen. Nicht nur die Adverbien die durch präpositionale Periphrasen gebildet werden, sind erhalten geblieben, sondern auch Steigerung der Adverbien ist dieselbe geblieben.

Abschließend kann festgehalten werden, dass sich die Systeme der Komparation im heutigen Spanisch, Französisch und Italienisch unterschiedlich stark von ihrer „Ursprungssprache" entfernt haben, sich jedoch trotz neuen Einflüssen und Gebräuchen, eindeutig auf ihre lateinischen Wurzeln zurückführen lassen.

Literaturverzeichnis

ALVAR, Manuel & POTTIER, Bernard (1983):*Morfología histórica del Español.*Madrid:Editorial Gredos.

BERSCHIN, Helmut u.a.(2012):*Die Spanische Sprache,* Hildesheim:Olms.

BUßMANN, Hadumod, Hg (2003): *Lexikon der Sprachwissenschaft,* Stuttgart: Kröner,395

DA FORNO, Iolanda(2002):*Große Lerngrammatik Italienisch,* München:Hueber.

GAMILLSCHEG, Ernst (1957): *Historische französische Syntax,* Tübingen: Niemeyer, 46-56.

HOLTUS, Günther u.a. (1996): „Gemeinromanische Tendenzen VII: Wortklassenbildung" in :*Lexikon der Romanischen Linguistik,* Bd II, Tübingen: Nimeyer 1996, S. 208f.

LAUSBERG, Heinrich(1972):*Romanische Sprachwissenschaft III,*Berlin:Sala Durck.

MENÈNDES PIDAL, Ramón (2005):*Historia de la Lengua española,*Bd.1.Madrid: Taravilla.

MENÈNDES PIDAL, Ramón (1985):*Manual de gramática histórica española,* Madrid:Espasa-Calpe.

MEYER-LÜBKE, Wilhelm (1972):*Grammatik der romanischen Sprachen II,*Hildesheim:Olms.

MEYER- LÜBKE, Wilhelm (1890- 1902): *Grammatik der romanischen Sprachen,* Hildesheim Olms, 60- 61(Nachdr.:Leipzig 1902).

PENNY, Ralph (1993): *Gramática histórica del español,* Barcelona:Ariel.

PLATZ-SCHLIEBS, Anja(2012):*Einführung in die Romanische Sprachwissenschaft.* Tübingen: Narr.

REGULA, Moritz (1966): *Historische Grammatik des Französischen,* Bd.2 *Formenlehre,* Heidelberg: Winter.

REGULA, Moritz (1966): *Historische Grammatik des Französischen*, Bd.3 *Syntax*,Heidelberg: Winter, S.43-49.

ROHLFS, Gerhard (1949): *Historische Grammatik der italienischen Sprache und ihrer Mundarten.* Bd 2: Formenlehre und Syntax, Bern: Francke, S.105-121.

SCHPAK-DOLT,Nikolaus(2012):*Einführung in die Morphologie des Spanischen*, Berlin:Grutyer

SCHWARZE, Christoph(1995): *Grammatik der italienischen Sprache*, Tübingen: Max Niemeyer Verlag , S. 228- 233.